Dr. Faisal Almehaid started writing poetry as a hobby during his college years. English and Arabic studies in college ignited his passion for writing. He graduated with a Bachelor's degree in Medicine and Surgery in 2017. Currently, he is specializing in the field of Plastic and Reconstructive Surgery, following the abstract and physical definitions of beauty. An avid reader of history, philosophy, and poetry, you can find him between the pages of a book or tracing the many forms of art; or in the operative theatres of the hospital he works in.

بدأ د. فيصل المهيد كتابة الشعر كهواية خلال سنوات دراسته في الجامعة، وقد كان للدراسات العربية والإنجليزية في سنوات دراسته في الجامعة الأثر الكبير في زيادة شغفه بالكتابة. حصل د. فيصل على شهادة البكالوريوس في الطب والجراحة عام 2017، وهو حاليًّا يختص في مجال الجراحة التجميلية تبعاً للتغيرات التي حصلت في مفاهيم الجمال. إنَّ د. فيصل هو قارئ نهم في مجالات التاريخ، والفلسفة، والشعر، وقد تجده غارقًا بين صفحات كتاب، أو متابعًا للفن بكافة أشكاله، أو في غرف العمليات في المستشفى التي يعمل بها.

I dedicate this book to the Roses, to the Jasmines, and Lilies of this world. To all who wish to be acknowledged, known, and accepted.

أُهدي هذا الكتاب للورد.. للياسمين، ولزنابق هذا العالم.. إلى كلّ مَن يتمنَّى أن يقِرَّ به، يعترف فيه، ويقْبل به.

Dr. Faisal Almehaid

د. فيصل المهيد

THE CHILD OF THE DESERT

ابْنُ الصَّحْرَاء

AUSTIN MACAULEY PUBLISHERS™

LONDON • CAMBRIDGE • NEW YORK • SHARJAH

The age group that matches the content of the books has been classified according to the age classification system issued by the National Media Council.

ISBN – 9789948817215 – (Paperback)
ISBN – 9789948817222 – (E-Book)

Application Number: MC-10-01-0500677
Age Classification: E

First Published 2022
AUSTIN MACAULEY PUBLISHERS FZE
Sharjah Publishing City
P.O Box [519201]
Sharjah, UAE
www.austinmacauley.ae
+971 655 95 202

Table of Contacts

الفهرس

مدخل

هذا الكتاب الصغير يحوي بعضًا مِن تجاربي، مِن مشاعري في كل حرف كتبتُه، أتمنَّى – ولو قَلَّتْ عدد صفحاته – أن يلامس تخيُّلاتكم، ويغذِّي أرواحكم أعزائي القرَّاء.

مجموعة مِن الأشعار والنثر كتبتُها باللغتين العربية والإنجليزية في فترات مختلفة مِن حياتي ونضجي.

Introduction

14

This little book carries samples of my experiences, my feelings in every written word. I wish, even with a few pages, that I touch your imagination and feed your souls, dear readers.

In the Night

15

You engulfed me like wildfire. Appearing out of thin air, you shook my whole being. My life changed when I first laid my eyes on you; in all honesty, everything about you was made to drive me insane. Your eyes, your hair, and your lips were like jewels adorning a painting drawn from the collective brilliance of every human artist who lived, alive, and yet to be born. I get a free pass to heaven whenever I taste your lips, kiss your neck, and feast upon your skin. I have seen no woman with legs as slender as yours, no woman with a touch as delicate as yours, or a voice more enchanting than yours.

Naiveté

16

You cannot stop a woman from crying, for it's in her nature.
You can be a reason for her smile, so make it your nature.

Duality

17

Your love is a blessing and a curse. It is not given nor taken. It stays, it festers, and it grows. It feeds on my strength and it tears my soul. My mind is not mine anymore, and I fail to recognize the man in the mirror. These words sprout from your love; they are result of your seeds. It is not long now before my hands tire from writing, my heart stops beating, and my lips start trembling. I await your embrace; eternal rest. For you are my salvation from this curse. I lied. There is no blessing in loving you. For darkness has become what I perceive, what I inhale, and what I assume.

"I"

18

I want, I need, I crave her being. I am shaking, I am nervous, I am dying for a kiss. I love her, I cherish her, I demand her presence. I am rambling, I am cold, I am dead.

Devil's Advocate

19

If I have my way, I would indulge in every sin your body allows, rip away at every modicum of holiness it entails, and slowly, systematically, strip your façade of faith down. Can I have my way?

Ensnared

Poisonous, sharp, and deadly. A flower of thorns adorned with petals of steel; admirably created yet dangerous to hold. An intoxicating aroma spreads from her bosom; sweet, addictive, and sickly. I will never be free from her grasp; her words are engraved into my soul. A memoir, a note, and a warning from the dangers of beautiful women, and my greatest sin.

Winter

21

I am coldness. I am present, always, but you will not sense me. I am felt when you dissipate, when your pupils dilate, when your limbs freeze, and when the momentum of the world is put to a stop; only then will I be felt, be seen, be tangible. Coldness given flesh, the epitome of stillness. When lights fade, when people vanish, when the life loses its heat, and you are all alone, withered, crumbling, teetering; then I am felt.

Craving

Tonight, I will dine upon your body. For the fullness of your lips, the curves of your hips, and the bosom which caught my eyes shall be my feast. I will delve unto the very depths of your mind and drown in the beauty of your thoughts; both light and dark. The fabric of my being is yours to command, to love, to grasp. Smile and let me engrave it in my thoughts, cry and let me keep it in my heart.

Intoxication

23

Drunk and intoxicated with your words, your being flows within my veins; entombing me, suffocating me, and leaving me for dead. I have been warned not to listen to your voice, but I paid them no heed. I never thought beauty can strike fear until I met you. My courage is found in your lips, in your skin, and in the smell of your hair. I must have you.

Chimera

24

You blur the lines between demons and angels. Mischievous and wicked, yet loving and compassionate. Never a woman pleased me like you did. A woman of perfect contradictions.

An Edge of a Kind

25

No steeper precipice have I ever stood at than witnessing your smile. Here I am balancing, teetering, straining not to fall for you. You captivated me, bewitched me, and stole me from a blissful ignorance. Nothing I cherish more than seeing you pleased. I want to keep falling for you. I want an eternity spent spiraling down your chasms. It will not suffice to explore all your nooks and crannies, nor to comprehend the intricacies of your creation. I no longer make sense, nor should I; I have left my wits in the rooms of your palace, for no better abode I rather stay in.

In Sickness

26

Forgive me, for I am feverish and the darkest of thoughts entertain my mind. I wished to reach enlightenment through the taste of your lips, yet mine quiver and fail. My eyes sway with the movement of your hips, yet my pupils constrict and fade. Alas, I thought about how your skin would feel, yet the cold grips my fingers and my will crumbles away. Listen to the slow beating of my failing heart, how it aches for your touch. Perhaps, before my blood dries, I shall join you in the halls of passion, for your body is my parting wish.

Futility

Have you noticed how my writings changed? How my "I"s are not the same? Have you noticed how my letters have missed you, the ink no longer vibrant? You shunt them away. My hands are failing, my eyes are bloodshot, and my knees are buckling from the pressure of my loneliness. Love is not serene nor beautiful. It is carnage, it is gore, a massacre of feelings, and a murder of hearts. I have drawn of the worst of cards when it comes to love; I have fallen for you. Coldness shies away at your presence, hatred cowers at your feet, and envy humbly serves you. I beseech you let my soul rest, for I am weary.

Wishes

Will you dine with me tonight? Alas, we will not be alone, for the moon and stars will rush to join us. You, my dear, are more celestial than the cosmos themselves; for a thousand stars are needed to outshine a single hair of your luscious head.

Weariness

29

Your lips are respite for the weary. A beacon guiding me through the waters of mundane living. What greater prize a man can ever have than your loving embrace? To have your scent all over my being, affecting every fiber of my existence, proclaiming to the cosmos our unity.

Was

She is my light in the darkness, steeling me against the loneliness gnawing at my mind. Pieces of me are withering off, like leaves in autumn; yet she will always put me back whole. What does humanity need? Perhaps, the presence of somebody to urge you for greatness and protect you. Perhaps, our longing in life is a quest for survival, and through finding her I found the answers to my humanity.

Unfulfilled

My life is dotted with glimpses of beauty; of shapely hips passing by, of long lashes darker than moonless nights, of full lips that ensnare my eyes. All of these are meaningless, satisfying carnal, basic needs. Never curing; only postponing the inevitable. I have a need stronger than the pull of galaxies, tugging me into an abyss of loneliness. I want to have you, I want to breathe you in, I want to feel the silkiness of your skin. I care not about the workings of other women; I only wish to unlock your mind and bathe in your thoughts and desires; until our souls unite.

A Different Kind of Dogs

I am hounded by intrusive thoughts; loneliness has become my companion. I wish to be with you. I wish to feel you. I wish to see you bright and naked under the starlight; I wish to partake in your wisdom, to witness how great your presence is. I wish to hold you close; to embrace you, to make my rib cage your kingdom of heaven, and my heart your throne. I have fallen in love with your mind and it has sealed me in. I can only see through your eyes, hear through your ears, and articulate with your thoughts. I am truly grateful for all the gifts you have bestowed upon me. Know that I will gladly fall deeper into the pits of your mind until our consciousness merges; and I, finally, become whole.

Wants

I want to engulf you with all my being and get lost in the wonders of your body. I want to taste all the nooks and crannies of your skin, and trace all of your angles and edges.

Yearning

34

I yearn for those soft lips, for the face which I have sorely missed. For an embrace that lifts me to the heavens; I beg of thee, shepherd me unto your kingdom come.

Fire

35

A burning, scorching, blazing need that pushes me forward; unabated uncontrollable unheeding unsolicited. May I finally crash upon your shores and rest? Have you found serenity? Perhaps you know of her? Is she found in the stars? Does she light the way? Is it true she welcomes the stricken with a soft embrace? With a gentle touch? Or through murder and massacre and mutilation of emotions will I find her?

A Spider-Queen

Oh honey, you have devoured with those eyes many a fool; yet I have traced your lips upon my fingers and made them whole. Would you deny these palms that have felt you? This warmth that I gave you? It is a wicked thing I do, to keep you raving about me too.

Remedy

Let me trace the scars on your body and taste the stories they tell. Let me breathe my life unto you, let me fix what your anguish has wrought. My words shall mend you, my eyes shall cure you, and my palms shall remedy your soul.

Dare

I long for these gorgeous eyes; these windows unto heaven. Ensnared by your gaze, forever bound by your soft lips. Take a shot of me; I dare thee, and let me shackle you by my embrace.

Clench

39

So heart wrenching, her beauty, I mean; for you cannot stop smiling at the way she robs you of your senses. Dumbfounded, stuporous, and muddled you are left; and you wonder how such a creature exists. Smile for fate, my dearest, for you have her in your grasp.

A Thorn

Her love has blossomed, and its roots have intertwined within my ribs. What is she but my decay? Tell me; what is she but my demise? Pray tell, wha… what is she but my death?

A Banquet

41

Feast with me, I dare you, upon the hatred which sustained me, upon the broken words which kept me, upon my scars; my mangled feelings and shattered thoughts.

An Ending

42

I was never good at this. My flesh has been seared by love many a times. I can no longer feel it. All which was sweet has left me after I parted with her lips. I long for the smell of her body tonight. I kissed her, I tasted her so many times; I was possessed by her beauty. Was it her eyes? Or her laugh? I have pledged my soul to the lands of the forsaken, the cursed, the lonely, and the loveless. I can no longer feel it.

Fin.

الصبابة

قلَّ نومي، وزاد سهري.. أشقتْني بوَصَب لم أعهده، أهلكتْني بحمل لا طاقة لي به، وأصابتْني بمعضلة لا تحلّ.

أراها في منامي وفي قيامي، أسمع صوتها في سكوني، أصبحتْ وسواسي وشيطاني الدائم، لا يفارقني طيفها أبدًا.

أحبها وقد أصبحتُ ملكها وحدها، فهل بُليتُ بحب ملكة جبروتها لا يطغى عليه إلا جمالها؟ أم أنَّ أعين المحبين واحدة تتشارك الرؤى؟

التَّمَنِّي

هل تحبيني فتملكين قلبي وعقلي وروحي؟

هل تحبيني فتستحوذين على أيامي وساعاتي ولحظاتي؟

هل تحبيني فتصبحين أحلامي وآمالي وأمنياتي؟

الغائبة

طال غيابها عني ففاض قلبي حزنًا.. فأنا أهيم بصوتها.. أذوب بسحر عينيها، وأعشق حلاوة شفتيها.

أهي مِن الإنس؟ أم هي مِن ملاك مِن نسْج مخيلتي؟

أريدها، ولن أرضى إلا بتقبيلها كل صباح وكل مساءٍ وكل ثواني أيامي.

لا يبدأ يومي إلا بابتسامتها، وينتهي إذا أغمضتْ عينيها.

شمسي هي، قمري هي، أغنتْني عمًّا في هذه الدنيا، فلا حجة لي بهجْر شفتيها.

السُّلطة

قد جفَّ حبري، وامتلأَتْ صُحُفي مدحًا بها.. ساكنة في بالي، أراها ترقص، وأسمعها تغرّد؛ فكل حرف يصدر مِن ثغرها يسطِّر قصص حياتي.

هي شغفي ، والراوي لأحداثي، والكاتب لما يحلُّ بي.. تقطن في ذكرياتي مستحوذةً عليها، ملتفة حولها كأغصان الياسمين متماسكة متجاذبة متعالية.

يهبُّ النسيم فيسحرني بعطرها، يخدرني، يذيبني، يغشيني.

سحرها ليس في عينيها العسليتين، أو خدَّيها النضرين، أو شفتيها الممتلئتين؛ بل بقدرتها على شغل بالي بنظراتها، بكلامِها المهذَّب، بحركاتها العفوية.. هنا يكمن جبروتها، فارضةً سُلطتها عليَّ.

الرِّقّ

أنقذتْني لتستعبدني، ساعدتْني لتستغلَّني.. لا أنام إلا عند أمرها، ولا أفرح إلا برضاها.. أسيرها وعشيقها، سجين هواها.

أمري ليس بجديد، وعذابي ليس بغريب، فلا أرعن مِن معتقل كالعقل، بقضبان مِن القلب، ونوافذ مِن الضمير.. لا يأتي الهروب إلا بالمنية.

الجَمَال

أنتِ مثالي ونظرتي وتعريفي للجمال، بل أنتِ الجمال في قاموسي..
بحثتُ عن مثيلتكِ في بحر الكمال، وما وجدتُ غيركِ قبطانًا.

الوطن

أقع في حبك كشرب الظمآن مِن البحر زادني عطشًا، فلم أرتوِ منه، وأصابني بالجنون، فلم أقدر على مفارقته.

غزلي لن يعطيكِ حقك؛ فلستِ كسائر النساء.. عالمكِ مبنيٌّ على أسس مختلفة، إن أعطي للجمال شكلًا فأنتِ صورته، وإنْ أعطيتُ الأخلاق مرجعًا فأنتِ كاتبته.

أنتِ ملكتي وسجّاني، لا أرى لي مكانًا إلا بجوارك، ولا أستوعب مستقبلًا مِن دونك.. مِن دون الاستيقاظ على عينيك العسليتين، دون تقبيل شفتيكِ الزهريتين، دون حضنٍ يروي ما بي مِن وصبٍ، فأنا مِلْكُكِ، وأنتِ مِلْكِي.

الرسالة

سبحانه كيف سؤالكِ! أجمل ما رأتْه عيناي، وأنعم ما لمستْه يداي.. لا الزهور تضاهيكِ برائحتها، ولا الحليّ تقرب مِن جمالكِ.

عناقكِ يعيدني إلى رشدي بعد أن تفقدني شفتاكِ صوابي.

تقسو عليّ عيناكِ، يذيبانني بغمزة تصهرني مِن حرارتها، لا يبقى مِن وجودي إلا اسمكِ المنحوت على روحي؛ دلالةً على تعلُّقي بكِ، على تمسُّكي بكيانكِ، على تشبُّثي فيكِ.

وحيدًا وُلِدتُّ، ووحيدًا سأموت، كفتني معرفتكِ، وكَفَتْني ذكرياتكِ.

صدقًا

قلمي صُنِعَ لرسمكِ، وأحرفي شُكِّلَتْ لوصفكِ، ولساني خُلِقَ للغزل فيكِ.

سيدتي، أغيثي ظمآنَ جُبِلَ على حب الجميلات، وأنتِ أجملهنَّ.

الصيَّادة

إن قلبي معلَّقٌ كالصيد في حبك، لا أقْدر على الفرار مِن براثنك، فكأن عشقي له مخالب تضاهي الحديد صلابةً، وكأن ظمئي نار لا تطفئه إلا شفتاكِ، وكأن بعروقي داءً لا يشفيه إلا قربكِ.

أسأل الله ألا يفرّق بيننا، وألا أراكِ بدون ابتسامتك ولا نضارة خديكِ، ولا سواد شعركِ كاللّيل يخيّم على ناظريَّ.

الضاحكة

ضحكتْ، فأغشى الجمال المستمدُّ منها جوارحي، وأنارت بثغرها الباسم ما حولي؛ فأصبحتُ أجادل قيسًا: أليلاه أم ليلاي مليكة الجمال؟ عمري أحسبه إذا صاحبتُها، وميلادي أفرح به عند عودتها.

ما أنا إلا ابن آدم، لا أملك غير مشاعري أهديها لها، فلا أصدق مِن المشاعر هدايا.

في وصْفها

في خدَّيها لينٌ حتى الحرير إذا لامسها أدماها.. نتسابق أنا وهو، مَن يحلو له الصبح بلقياها.

الشمس تطل عليها مستهلَّة، فيلامسها شعاعها فتزيده نورًا.

ترى الأرض مِن حولها تتحول إلى نسرين وإكليل وفُلّ وياسمين، فتسير حافية القدمين والأرض مِن تحتها تزهر.

تدنو مِن أغصان الشجر، وبلمساتها تثمر، وَيْحِي أنا! ما حلَّ بي؟! تغيب وقلبي ينفطر.. تذهب فيختفي النور مِن حولي، وأنا على مصيبتي صابر.

تناقُضي

يا ليتَ الفؤادَ يُصغي ويبتعدُ عن ذِكْرِ الحبيب
الحُسْنُ لا يوجدُ بغيرِها والجمالُ لأمرِها مجيب
فيا ريحُ آتيني بخبرِها، وأنا إلى سلطانِ ربي منيب
فالعينُ تتزينُ لرؤيتِها، والأذنُ بسماعِها تطيب

في عينيها

لم أُومن بجمال العيون حتى رأيتُ عينيها.. سواد داكن مظلم يأسرك، لا تنفك عن تخيلها.

تلومني الحسناء على التحديق بها، وأنا لم أعهد للجمال رسولًا مثلها.

آمنتُ بالله وسلطانه، فآياتُ الحسنِ تبينتْ على شكلها، تترامى عليها الحلي لتتزين بها، والجواهر تتهاتف لملامستها.

أنامل تخط بالجمال كتابةً على ورقٍ مِن الحُسْن ازداد روعةً!

النَّفس

هل ارتوى الصبح مِن حديثك عبقًا؟ هل اقتبستِ السنابل مِن شذاكِ غذاءً؟

توشحتْ بالجمال فكان لها غطاءً، والحُسْن تاجٌ على رأسها يتفاخر.

امرأة تفانى الدلال بمتابعتها، فمَن يلهم غير سيدة الكلم؟

العقّار

عيونكِ إن نعسَتْ غابتِ الشمسُ عنَّا واندثرتْ، فأصبح نهارنا ليلًا، وفقدْنا القبس المنير في يومنا، وانصرفتْ عنا بوادرُ الفرح بغيابك. يواجهُنَا الحزنُ مهلِّلًا، فأميرتنا أميرة الحُسْن قد رحلتْ. سمّيت أعين الحسناوات على عينها، أم الظبي مِن صيتها اقتبس.

في ابتسامتها

أنا لا أطلب المُحال، ولا أودُّ بصعْب المنال.. أكرميني بابتسامتكِ السرمديَّة؛ فتغْني السائل عن السؤال.

الفَقْد

يا مَن ملكتِ الحُسْن بيمناها، والماس حول عنقها يتجمَّل، رِدّي
الحديث لعلِّي أجد مِن كلامك حلًّا لِمَا يؤرقني.

سهرتُ الليالي تحديقًا بصورتك، حتى الدمع مِن عينيَّ على هيئتكِ
تشكَّل.

يداي لملامسة جسدك تترقب، والشفاه لمذاق خديك تهلل.

يا مَن كان الجمال لها رداءً، اسعي بالأرض حافيةً لتزهر، وارقصي
على أنغام الغزل، ولا تسألي كيف للفتى بغيرك يتغزَّل.

الذوبان

ذبتُ في عينيها، أهلكني الحُسن الكائن في بؤرتيها.. إن في العيون لسحرًا، وإنَّ سلطانتي مِن كُتَّابه.

قدري مرسوم في خصال شعرها، تتبعتُه حتى ضاقتْ بي الدنيا عند نهايته، وحلفتُ عليها ألا تقصَّ شعرها، فرحلتي في عوالمها لمْ تنتهِ بعد.

سبحان مَن سوَّاها، أبدعَ في خَلقها وخُلقها؛ فأبتسم رغمًا عني إذا رأيتُها، محيَّاها يرد عطش الظمآن للجَمال، وحديثها يردُّ للمجنون الصواب.

مليكة الجمال أسرتْني بثغرها، ورمتْني بسهامِ العشقِ فامتلكتْني.

الجفاف

تنهكني الأحرف عند الكتابة، وكأني أدفع ثمنها مِن دمي، فلا أدري، أَؤُكْمل قصيدتي غزلًا بكِ؟ أم أرثي عمري الضائع قبل أن تجفَّ أوردتي؟

في الهذيان

أما آنَ لمقلتيكِ أن تشرقا على سمائي وتنيرا لي دربي؟

أما آنَ لهما أن يسقيا أوردتي ويغذِّيا شراييني؟

أما آنَ لهما أن يهويا بشوقي ويسخطا بلوعتي واشتياقي؟

هي عيونُ الظبيِ قد امتثلَ الحسنُ لزواياها

وتسبحُ الأجرامُ في مقلتيها

وتدثَّرَ الدلالُ تحتَ رموشِها

أبدعَ الباريُ في خلْقِها

فشكَّلَ الجَمالَ على مُحيَّاها

السؤال

يا آنستي، إنَّ الحُسن على خدَّكِ توسَّد، وبكلامكِ تملَّكتِ العقل
وتردَّد، والدلال مِن صوتكِ تنهَّد، والفؤاد مِن بُعدكِ تجمَّد.
فحدِّثيني عن أسباب بُعدكِ وغيابكِ، عن انقطاعكِ وجفاكِ.. ذكِّريني
بمذاق شفتيكِ، بملمسِ جسدكِ، بنعومةِ أناملكِ، وبسحر عينيكِ.
زال مني الدفء بعد أن غبتِ، فلا شيء عن حرارة جسدك يُغْنيني.

المذهب

نزلتْ عليَّ كرزق مِن السماء، كغيثٍ يروي عطشي للجمال.. سحرتني بعينيكِ، وقبضتِّ عليَّ فيهن، فأسرْتِ كياني، واستحوذتِ على وجداني، وأشعلتِ ولعي، وفجَّرتِ هيجاني.

فيا مَن اكتملَ الحُسن بتمايلها.. بحركاتها وتغنُّجها، امتلكتِني بكلماتك.. بأحرفٍ رُسِمَتْ لكِ أنتِ، بلغةٍ صيغتْ على هواكِ أنتِ، فكأنما السمع خُلِقَ لصوتكِ، وكأنمَّا الدلال وُضِعَ ليشهد على جبروتكِ أنتِ.

قبِّليني، واجعلي طيفكِ يزِّين حياتي، وأحلامكِ مصابيح سمائي، وعاداتكِ وشعائركِ منهاجي.

الشِّفَاء

أنا رجلٌ بلا وطنٍ ولا دارٍ ولا مسكن، أناجي في الدُّجى.. يا ليلِي آوِيني.. توارين الشمس عن وجهي، وتروين أوردتي.

سلامٌ على سلطانة الشوق.. بها اكتملتْ خصال الحكم، وامتثلتْ لأمرها الأذهان، واستنجدتْ بحسنها الجوارح.

عزيزة تشفي مغلولًا أصابه الولع.. لم يدرك مدى عشقه.. تُسامره حتى تقتنص السماء مِن صورتها مصباحًا، فتنير لياليه، ويمضي في قدره.

الشتاء

أثلِجي صدري بابتسامة تروي الفؤاد، وتنير لي دربي، فلا خيرَ منكِ رسولًا للعشق وللحب.

يا نجم الشَّمال، ويا بوصلتي للحُسْن، دلِّيني على الطريق إلى جنتك للسكن.

سحابها أحلامك المملوءة بالخجل، وبساتينها أفكارك الغنية باللّطف، وجبالها شعائرك الممزوجة بالبأس.

الغيث

أنا مثقلٌ بما يحدث لي، ولا أدري متى يزول الهَمُّ عنّي، ويكفُّ عن تقليم أجنحتي، أودُّ أن أحلِّق في سمائكِ متأملًا جبالكِ، شاربًا مِن أنهاركِ. أودُّ النوم تحت حراسة مقلتيكِ تحتَ نجومٍ نُسِجَتْ مِن أحلامك.

اشتقتُ إليكِ.. إلى غنجكِ ودلالكِ.. إلى حُسنِكِ وجمالكِ.

فقدتُ كتاباتك لي، فقدتُ حديثكِ معي، فانهالت عليَّ كلابُ الإنس بالتشكيك.

خطابكِ لي يقوِّيني.. يقيمُ ظهري.. يقوِّم اعوجاجي.

ها هي أغلال الكُره توصد على رسغي، وحبال الحقد تربط حول كاحلي، ومدينتي.. مدينتي المسمَّمة بالحزن تحاول ابتلاعي.

فيا الحسناء السرمدية، أغيثيني.

كحلٌ

وجدتُّ كحيلةَ الطرفِ تنادي:

يا حليمًا كيف تتركني؟!

أنا التي تمايلَ في حضنِها الغنجُ

و تراقصَ على ضحكاتِها الحزنُ

فأجبتُها:

يا سيدتي.. إنَّ الدَّهرَ جارَ عليَّ وأدْماني

ورماني بأغلالٍ أوصدَها وأشقاني

وساقَني إلى سجنٍ مِن القبحِ فأعماني

ها هي روحي تناجيكِ.. إنَّ الحزنَ أغشاني

طلبٌ

احبِسيني في دارِكِ واحْتويني

واعتني بأحلامي وشكِّليني

وأبعِدي قُبْحَ الناسِ عنّي ودثِّريني

واملئي بخصلاتِ شعرِكِ سمائي وقَبِّليني

واسْكبي مِن رحيقِ شفتيكِ في فمي وارزقيني

واجْمعي أفكاري بأناملِكِ وقوّميني

واجْعلي مِنّي فارسًا ثائرًا برایاتٍ مِن وحيِكِ وأحبّيني

الجسد

هل لي أن أرسم على جسدكِ بيدي؟ أن أتخذ مِن لوعتي حبرًا وأسقيها مِن هيجاني ودمي؟ أن أطبع شفتيَّ على خدَّيكِ فلا تتيه قبلاتي ولا يذبل فمي؟

ابتدأت حياتي مِن منابت شعرك، وانعطفت بتموجاتها، مسيَّر أنا على دربٍ أهيم بطرقاتها، وأعشق جادّاتها.

جئتُ أقبّل عينين تماديتا بحسنهما، جواهر فاقتِ الشمس بنورها.

الزينة

يا زينة السماء، ويا نور حياتي، يا مَن تشكَّلَ الجمال على هيئتها، والتفَّ الدلال حول عنقها، وتشرَّب الحُسْن مِن رحيق شفتيها؛ ادني، واقتربي، وامزجي أجزاءَكِ بأجزائي، واسقِي صحرائي، وانبتي الزهر في بساتيني.

أهيم بالدنيا بلا هوادة، أصول وأجول في بحار التائهين بلا وجهة حتى ابتسمتِ لي.

فيا صاحبة الطرف الكحيل والخصر النحيل والكلام الجليل، يساقُ لكِ الجمال حتى تحكمي عليه، ويقادُ لك الدلال حتى تغفري عنه، ويُسجَن الحُسن حتى تشفعي له.

سلامٌ عليكِ وعلى أناملك، سلامٌ على ما يدور في عقلكِ، سلامٌ عليَّ حتى أكون رَجُلَكِ.

العطاء

وقعتُ في حب امرأة قد جفَّ نبْعها، فسقيتُها مِن روحي وكياني.. امتزجتْ أحشائي بأحشائها، فيُسمَع وجداني في نبضات قلبها.. أصبحتُ النور لظلها، اختفى اسمي مِن الكتب، وانطوتْ قصتي في خُصلات شعرها.

دربي

هانتْ عليَّ الدروب، وإن نزفتْ قدماي فأنا بعينيكِ موعود.

رأوني فظنوا أني مفتقرٌ ومنكسرٌ، ويحهم! ما أدركوا أن حبكِ هو الثراء، وأني للقياكِ محسود.

فارْسمي بشفتيكِ على جسدي أجمل لوحاتكِ، واستوطني عقلي، وزيّنيه بأحلامك، واجعلي صدري مسكنكِ ودارَكِ.

في الحمد

الحمد لله الذي أنار خطواتي بوجودكِ، وكتب لي لقاءكِ عاجلًا غير آجل، وزاد مِن يقيني بخلقه للجمال في محيَّاكِ.

أنا راضٍ بما رزقني مِن الغَناء فيكِ، فلا ثروة خير مِن ابتسامتكِ مقبلة.

دنوتِ نحوي، فامتزجتْ أحشاؤكِ بأحشائي، وأدركتُ مدى ضعفي ونقصاني، فلا غير شفتيكِ تشفي لوعتي، وتسقي وجداني.

الورد

أَنْحَتُ صورتكِ على أسوارِ بستاني لتقلبي شوكَها نسرينًا وإكليلًا.

داري

قادَني الشـوقُ إلى دارِكِ، ودلَّني ولعي على بابِكِ؛ فقدَري مرسومٌ بخُصلات شعرِكِ، وحياتي تخطُّها أناملُكِ، فأنتِ أجملُ مَن رأتْه عيناي، وأعذبُ مَن تذوَّقتْه شفتاي، وأنعمُ مَن لامستْه يداي. دعيني أحتضنْ عقلَكِ، وأنهلْ مِن أفكارِكِ، مغتسلًا بآرائِكِ وعاداتِكِ.

الميثاق

كتابي أنتِ ومنهاجي، وميثاقي في العشق والغرام، فيكِ انطوتْ أحلامي وأمنياتي، ومنكِ ترتوي صلابتي، وفيكِ يشتدُّ أزْري.

سلامٌ على مَن استفتحتُ بها كتاباتي، وانتهى بي المطاف إلى أن أودعتُها حياتي، سلامٌ عليكِ وعلى مقلتيكِ؛ فلا أرى جمال العالَم إلا بعينيكِ.

واصل

انطوتْ صفحات دفاتري نثرًا بكِ، ونسجتُ مِن مخيِّلتي لقاءاتِنا وأحاديثنا، وها قد بدأتُ الكتابة مِن جديد في دفترٍ بتولٍ خالٍ مِن التلوُّث والإجحاف، فهل سأجدُكِ يا حسناء؟ أم أبقَى مقتفِيًا لأثرِكِ بين ثنايا الكون؟

أخشى أنْ أقترب مِن الشمس فتحرقني، ويمثِّل بي الفضاء فيشتِّتني.. أنا رجل مولود في وسط الشغف، فلم أعهد دارًا غيره، ولن يهدأ لي بالٌ حتى يرضى شيطان العشق في جوفي.

سيدة

يا سيدتي، قد ذاب الفؤاد بين يديكِ متدفقًا بين أناملَ فاقتِ الشمس حرارة.

توهجتِ اليوم وكل يومٍ منارة سرمدية؛ دللتني وأرشدتني إلى خلاصي وملجئي، فلم أجد جسدًا أتعبَّد به خيرًا مِن جسدك، ولا غطاءً أتدثر به خيرًا مِن شعرك، ولا غناءً أجمل مِن تغريدكِ، فهلَّا احتويتِني؟ فهلَّا أحببتِني؟ ومِن فضلكِ أغيثيني.

الدهر

ساقَني الزمانُ لذكراكِ سيدتي

صارمًا يعاتبُني على نسيانِ خديكِ

يجادلُني حتى يزولَ النومُ مِن عيني

ولا يبقى إلا الأرقُ يرافقُني

مهزوزًا أقومُ إلى فراشٍ مِن الشَّوْقِ يدثرُني

هاربًا صوبَ عبيرٍ يؤنسُني

فيَا ليلي قدْ طالَ الغيابُ

ونشِفتْ عروقي حتى ذبلَ الفؤادُ يناديكِ

أيا زمانًا خذْ بأطيافِ الحبِّ مِن قلبي

واسْلكِ الطريقَ إلى ليلى وأسعِدْها

واذْكر لها حبيبًا مِن نارِ عشقِهِ يحترقُ

صابرًا للقائِها كاد ينفجرُ

إعياء

أغشاني الشـوقُ يا سيدتي وتمادَى

ونسجَ مِن كياني أغلالًا حتى سادَ

وحبسَني في سجنِ المسـافاتِ ثمَّ نادَى

كزمهريرٍ أرعدَ روحي طغيانًا

طالبًا مِنّي مخيلاتي سبايا

فكادَ أنْ يجعَلَ مِنّي جسدًا بلا هوادةٍ

تساؤل

فهل تكونين الزينة في حياتي ومصدر إلهامي ومَن تنجب أطفالي؟
فهل تكونين عضدي وسندي.. تقيمين ظهري، وتزيلين ظلماتي؟
فهل تكونين لي مدينةً.. لي موطنًا.. لي عالمًا.. أسطر فيكِ نجاحاتي؟

تهجو

تعايرُني الحسناءُ بِقِلَّةِ الكلمِ

وأنا من شحّ الكلماتِ في وصفِها صامت

ما شاهدتُ جمالًا قطّ كجمالِها

تخطفُ أنفاسي إذا أنا بِاسْمِها أنطقُ

عتابها

تعاتبُني الجميلةُ إذا وصفتُها

وما أنا إلا بالحقيقةِ مناجِ

أسطِّرُ جمالَ الخالقِ في خُلقِها

تلومُني إذا غازلتُ خدَّيها في قيامي

فهلَّا رأيتُم منابتَ الشعرِ في رأسِها

كبساتينِ الوردِ تجمَّعتْ في سمائي

تطيبُني عبقًا عندَ مرورِها

فيا ليتَني كأسٌ كي أتذوَّقَها

وأغدُوَ في نعيمِ الجنانِ المحالِ

فكيفَ لي ألَّا أغازلَها؟

عتابي

أما حانَ لهذا الكيانِ أنْ يكسوَ فؤادي بعدَ جفوه بالحنانِ؟

أنْ يرويَ أعينَ الشوقِ ويغيثَ جوارحَ الظمآنِ؟

ما زادَكِ البُعدُ إلّا دلعًا وغنجًا

وما زادَني إلّا تعلُّقًا وخضوعًا

آنستي.. فقدتُّ مذاقَ هاتين الشفتين

فيا ليتَني كأسٌ منه تشربين

وَحدة

لا أدري لماذا تلازمني الوَحدة؟ هل هي لعنة علي الشعراء؟ على الكُتَّاب؟ على أهل الصبابة؟ لَمْ تفارقني حتى حلَّتْ محلَّ ظلي.. تثير أسئلة لا أجد لها جوابًا، لا أقدر على إجابة نفسي وأنا سائلها.

الوَحدة ليست بغياب الحبيب.. الوَحدة في غياب الأجوبة.. في زنازين التَّفكُّر وغياهب الأسئلة.

المقت

أمقت ذلك الشعور.. اقترابي مِن ملامسة الكمال، فيتلاشى مِن بين أصابعي، بلا أن يرمقني ولا يودعني.

هل هي مِن تعريفات الجنون؟ بحثٌ مستمرٌ عما لا يوجد؟ مَتى؟ مَتى يكفُّ عقلي عن مداعبة الإحباط؟ عن مصادقة خيبات الأمل؟ عن تثبيطه لمحاولاتي بالرضا؟

أين أجدكِ يا سمراء.. يا شقراء.. يا حنطية.. يا عاجية.. يا آبنوسية.. يا شرقية.. يا غربية.. يا حاملة أوزان شغفي وجنوني؟

براءة

ليستْ لي.. ليستْ لي.. ليستْ لي.. ليستْ لي.. ليستْ لي.. ليست لي.

أفقد أجزاءً مِن عقلي مع كل حرف أكتبُه فيها.. ساخطٌ أنا على سذاجة قلبي، على رعونة مشاعري، على كرم العشق في إحباطي.

يا لسخافة هذا القلم، يكتب ما يشاء ليفضحني، ليعمدني، ثم يحرقني لها قربانًا.

مَوْسم

زرعتُ مِن الحب، مِن الاشتياق الكثير، ولمْ أحصده.. هجرت قلبي، وتركت بساتينه تفنى، وأوراقه تسقط، ووِرده يذبل.. أصبحتُ كاهلًا.. مثقلًا.. مصفَّدًا.. مدانًا.. مثبتًا.. مساقًا.. مكتومًا.. محرومًا.. منزوعًا.. محسودًا.. مكلومًا.. معذَّبًا.. مهجورًا.. تناولَه القبح بين يديه حتى أدماه.

الاستحقاق

لمن أهدي الورد؟ فيمن أتغزل وأنصِف بالثناء؟ فما وجدتُّ في واقعي إلا قبح مدائنه.. غلاظة سكانه.. قسوة قاطنيه، وجرم حكامه.

لا تسمع فيه إلا مقطوعات مِن الحزن، محاكاة بأوتار مِن الكُره والقنَط، تتيتَّم فيها الأغاني، وتثكل فيها الأشعار، فلا ملجأ للخيال إلا بالشقاء. كلا.. ما الورد إلا لأحلامي.. لأفكار تقارع جبروت الكراهية وذل البشاعة.. أفكار تلوّن بهَت الحياة.

رثائي

أفنيتُ ما في العمرِ باحثًا عن واصلي
و ما وجدتُّ لي عضدًا ولا منقذي
تواستْ كلماتي حتى فقدتُّ طلاقتي
فلا نباهةَ أغاثتْني ولا كبرَ سؤددي
تخيلتُ أطيافًا تنازعُ كرامتي
تشقِيني.. تغشيني تكسِّرُ أناملي
تغرقُني.. تخنقُني.. تشوِّهُ ملامحي
تمسخُني الكراهيةُ وتمجِّدُ غلاظتي
تشكِّلُني على أهوائِها وتقلِّبُ جوارحي
أفلا يحقُّ لي أنْ أهجرَ مضاجعي؟
أفلا يحقُّ لي أنْ أنبذَ مهاجعي؟
أفلا يحقُّ أنْ أشعلَ ملاجئي؟
بلى.. أنْ أصرمَ.. أن أبطشَ..
أنْ أحرقَ.. أنْ أرعدَ بأحرفي..
بشِعري وبنثري.

ختامي

نازعتُ حبَّها وكتمتُه بأناملي

وأودعتُ قلبي سكينةً بعدَ تصوُّفي

وأحللتُ حرامًا وسمتُه على جوارحي

وما عدتُّ أنا للكؤوسِ متضرعي

-النهاية-